THIS BOOK BELONG TO :

....

....

Alphabet Practice

A B C D E F G

H I J K L M

N O P Q R S T

U V W X Y Z

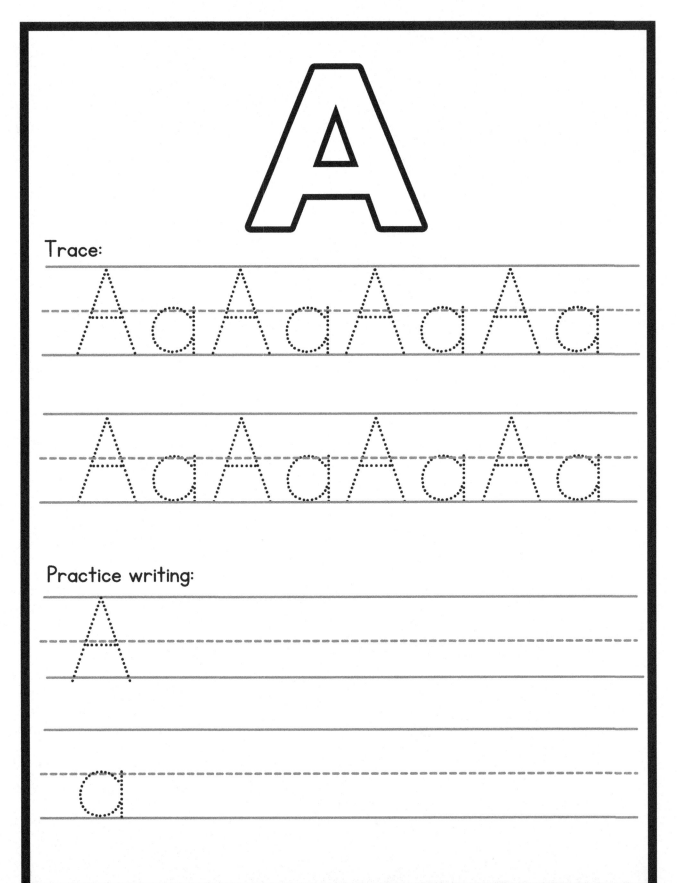

Read

ant

Trace

ant

Write

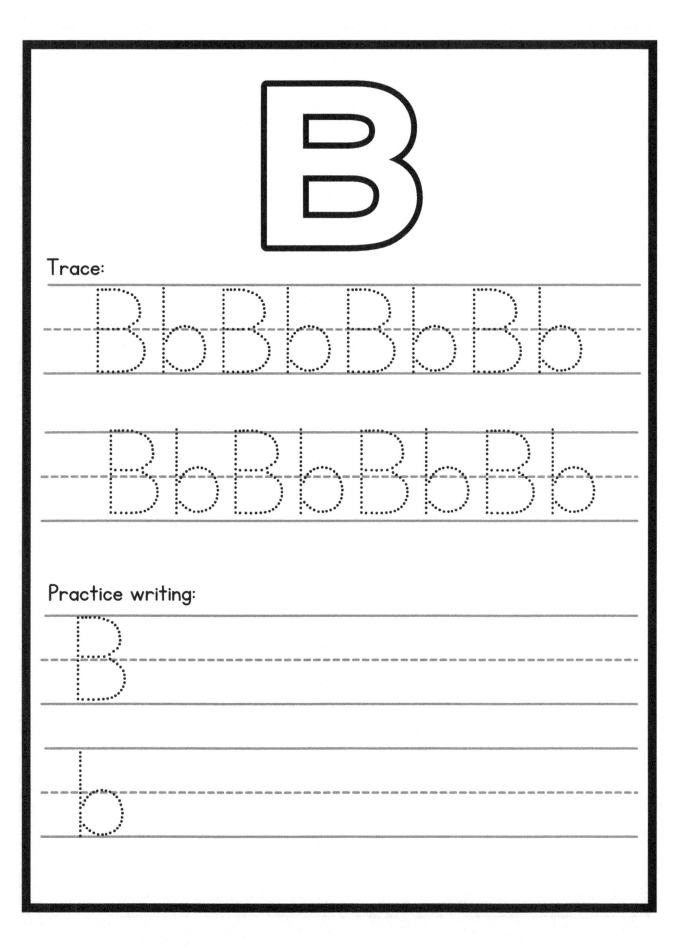

Read

bug

Trace

bug

Write

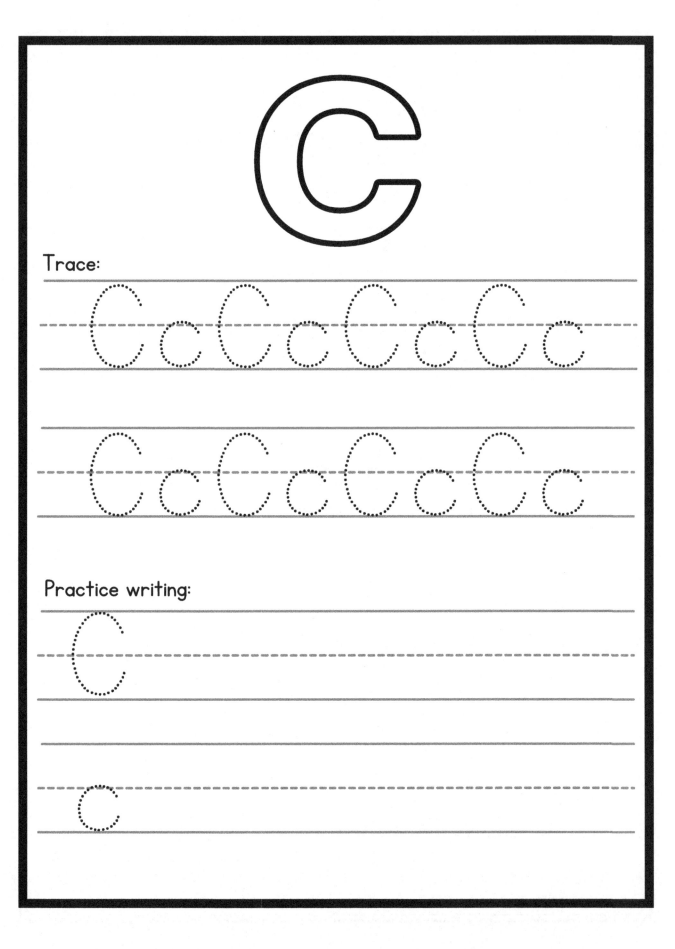

Read

camel

Trace

camel

Write

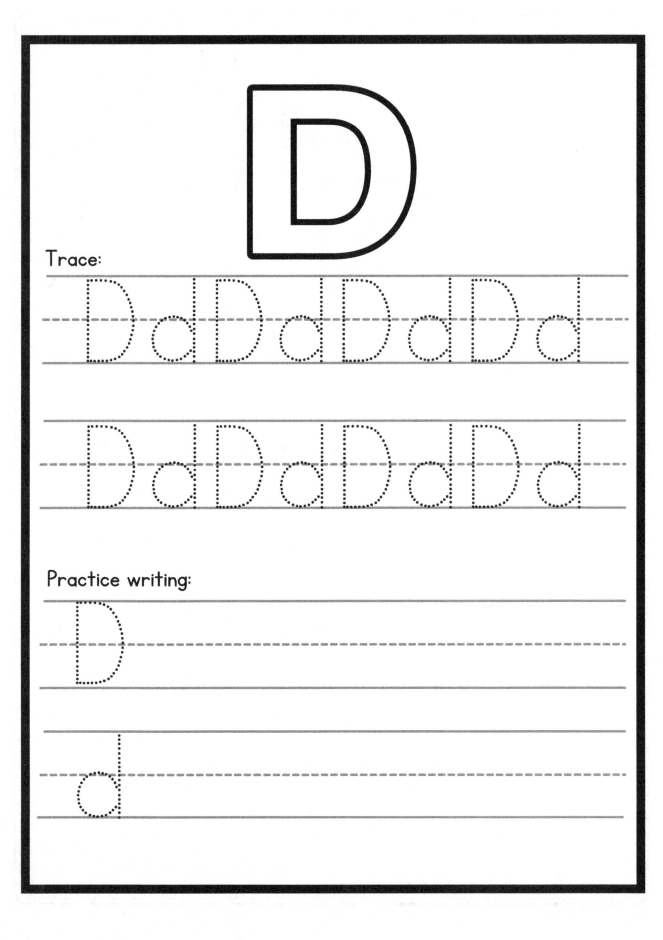

Read

duck

Trace

duck

Write

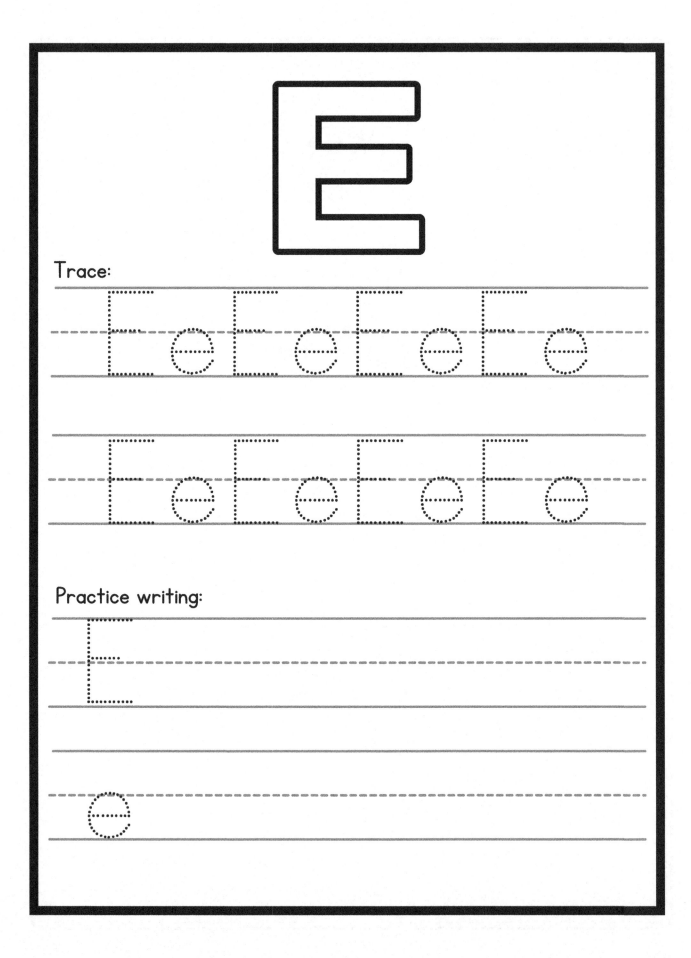

Read

elephant

Trace

elephant

Write

Read

fish

Trace

fish

Write

Trace:

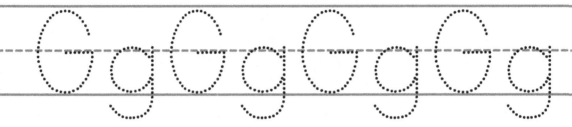

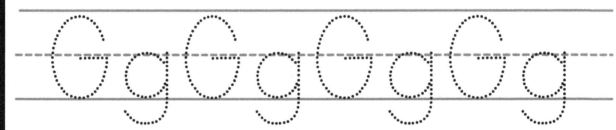

Practice writing:

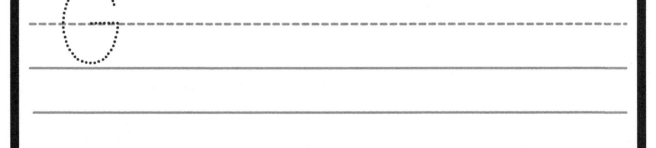

Read

goat

Trace

goat

Write

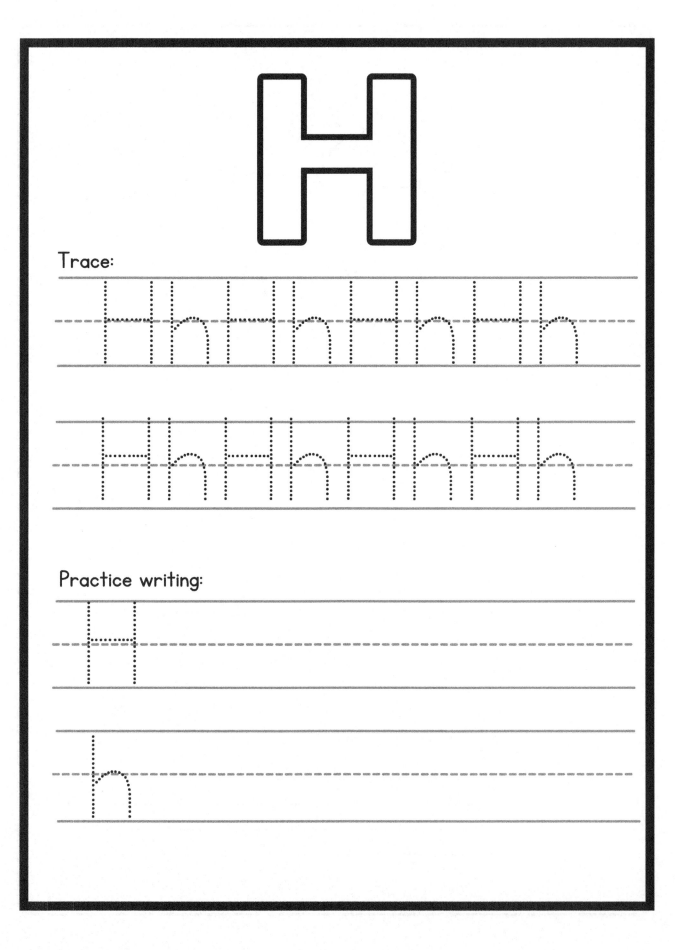

Read

horse

Trace

horse

Write

I

Trace:

I i I i I i I i I i I i I i

I i I i I i I i I i I i I i

Practice writing:

I

i

Read

iguana

Trace

iguana

Write

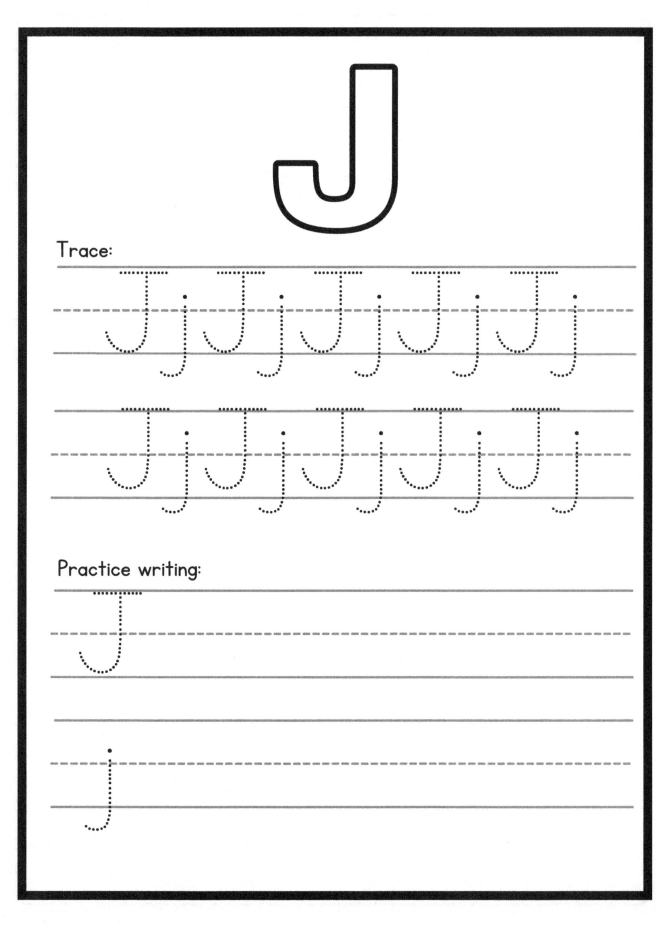

Read

jellyfish

Trace

jellyfish

Write

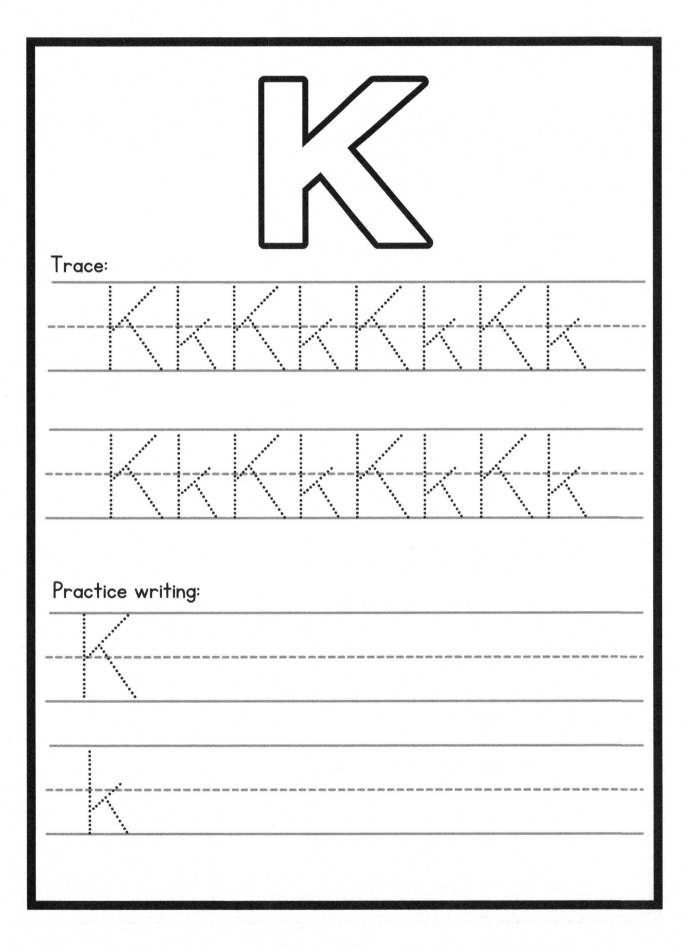

Read

kangaroo

Trace

kangaroo

Write

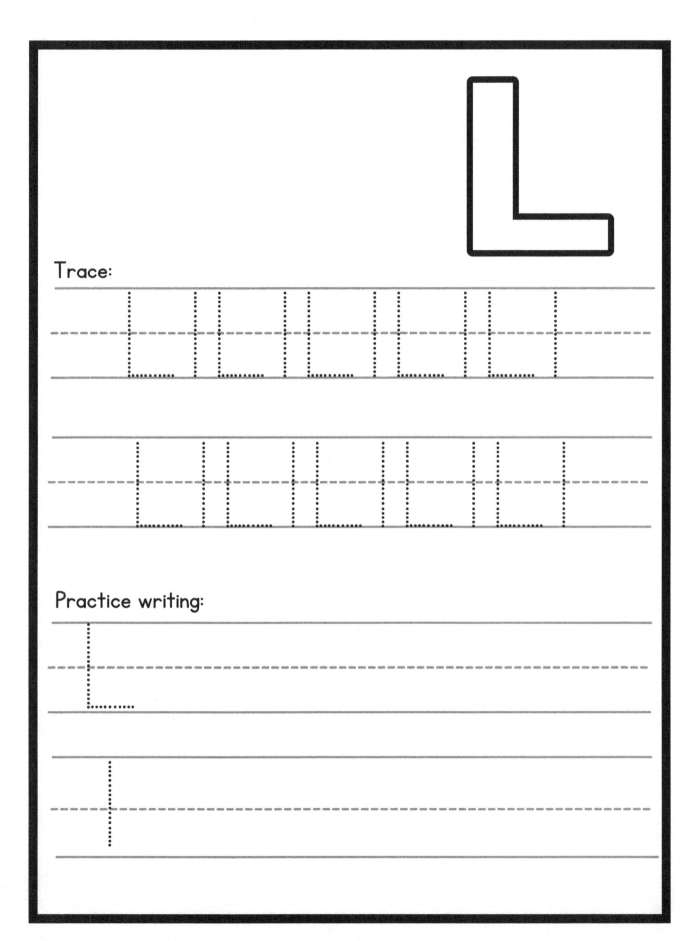

Read

lion

Trace

lion

Write

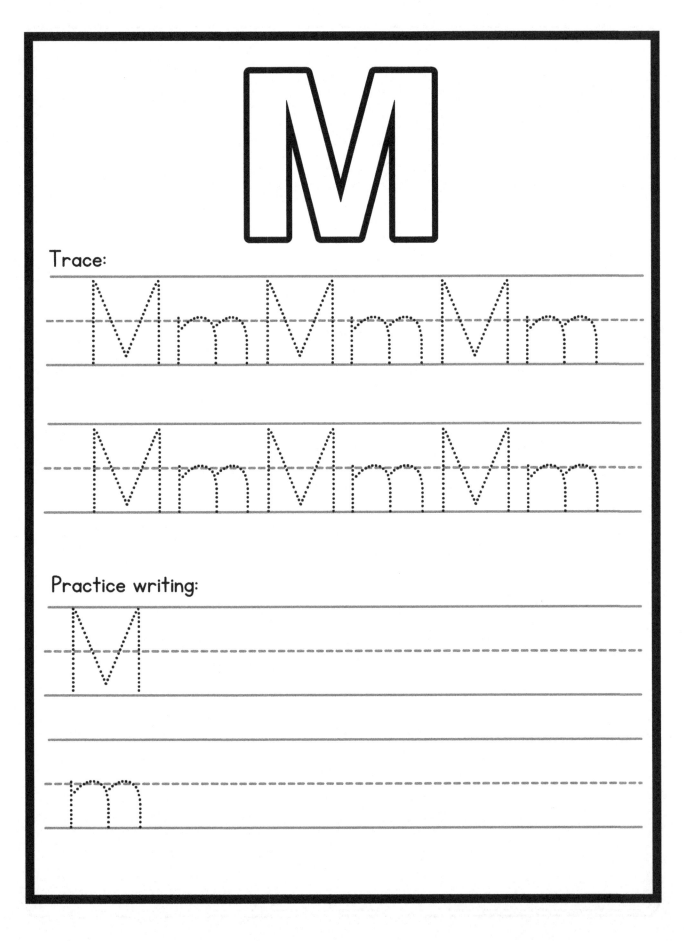

Read

mouse

Trace

mouse

Write

Read

newt

Trace

newt

Write

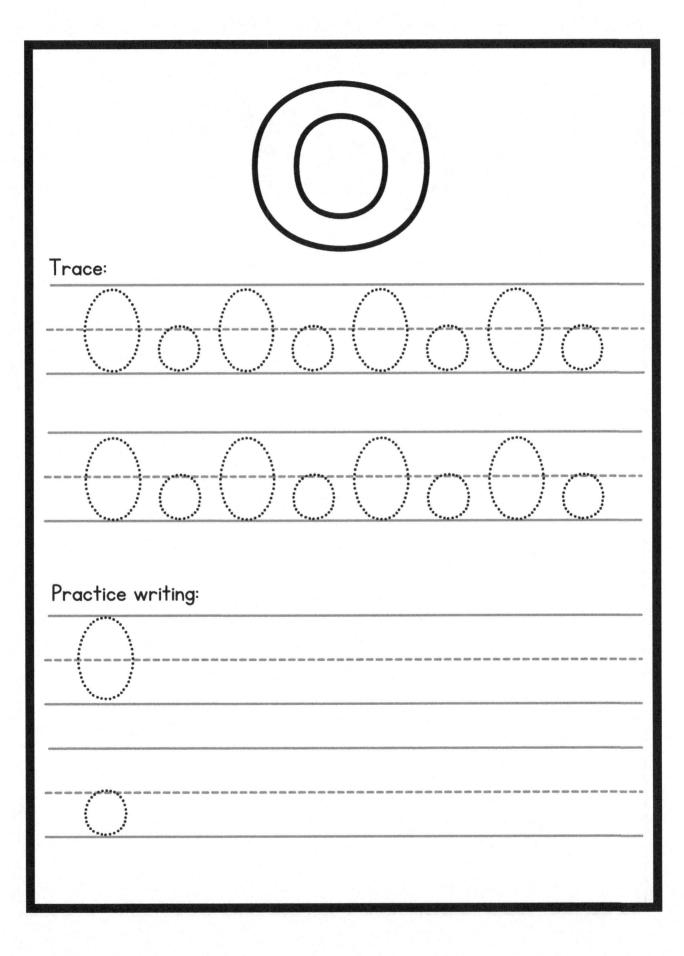

Read

octopus

Trace

octopus

Write

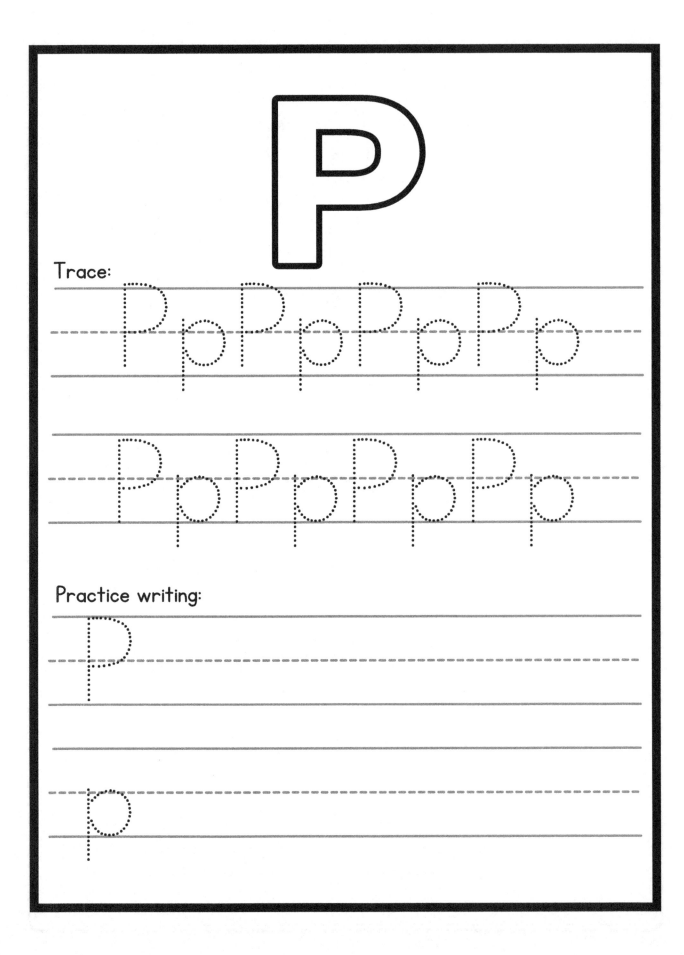

Read

parrot

Trace

parrot

Write

Read

queen bee

Trace

queen bee

Write

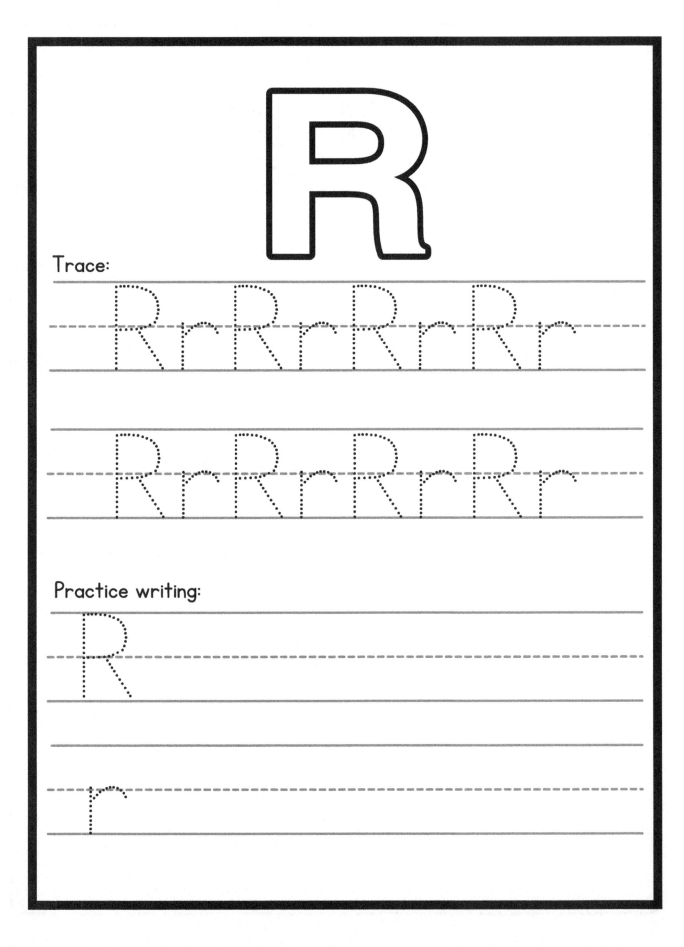

Read

rabbit

Trace

rabbit

Write

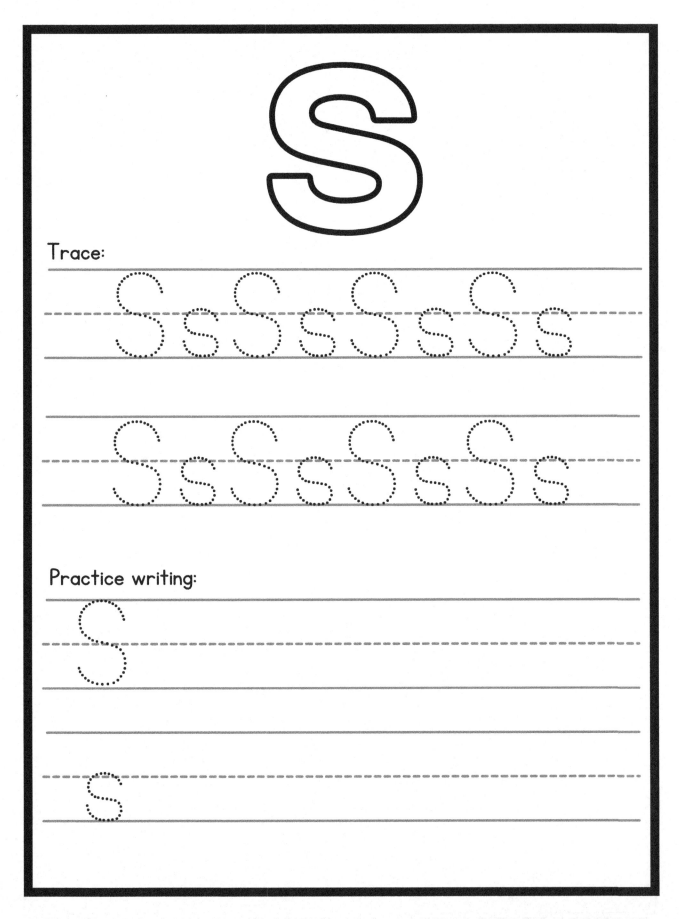

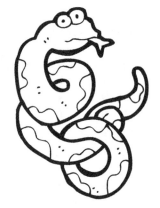

Read

snake

Trace

snake

Write

T

Trace:

Practice writing:

Read

tiger

Trace

tiger

Write

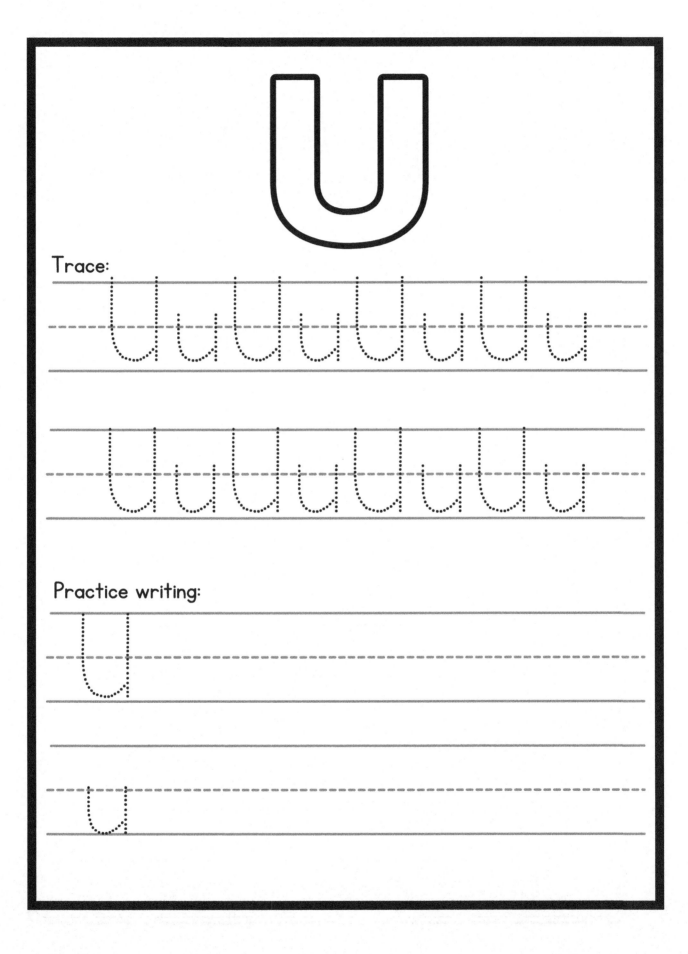

Read

unicorn

Trace

unicorn

Write

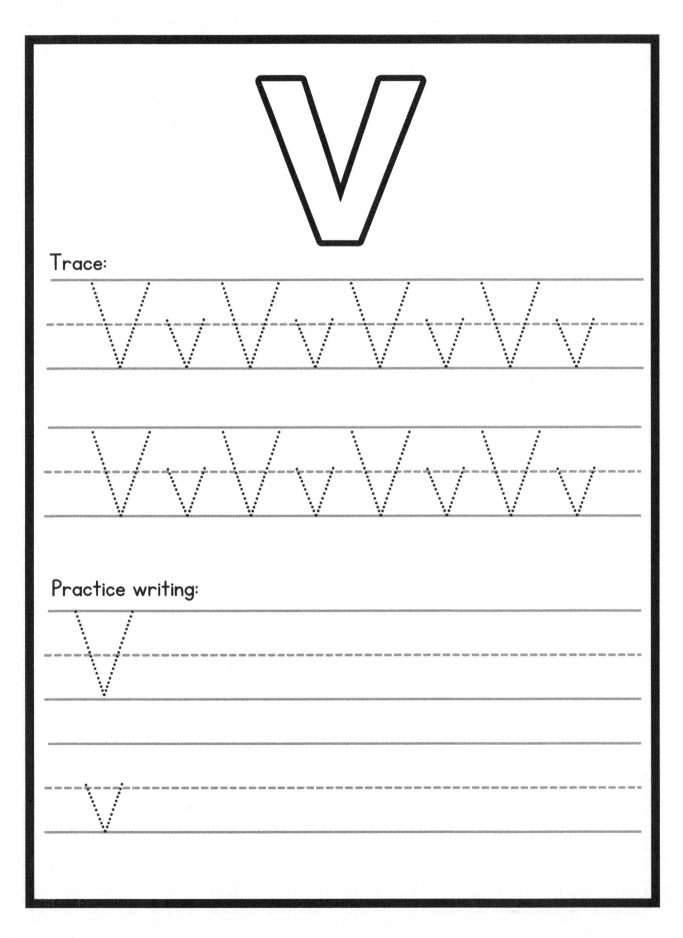

Read

vulture

Trace

vulture

Write

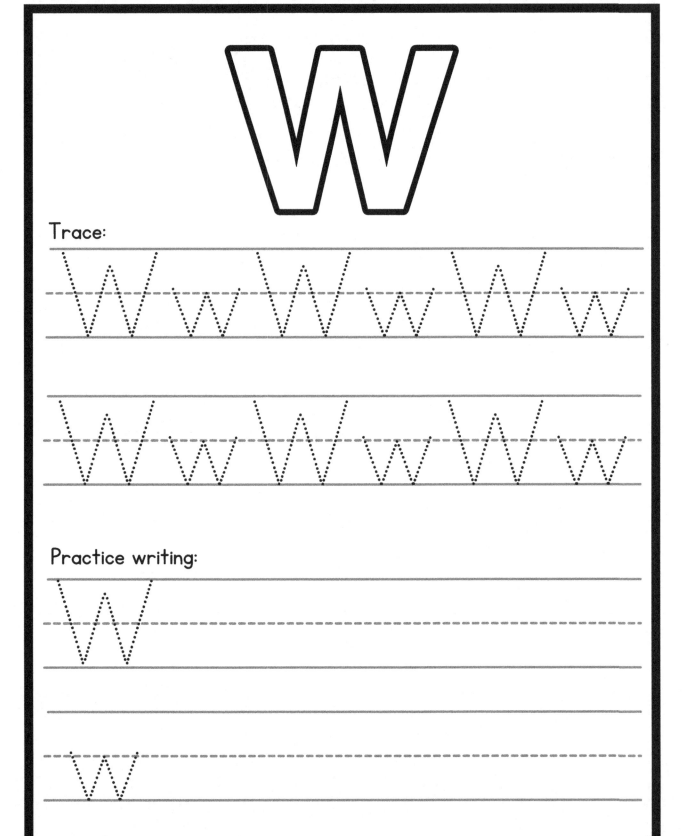

Read

whale

Trace

whale

Write

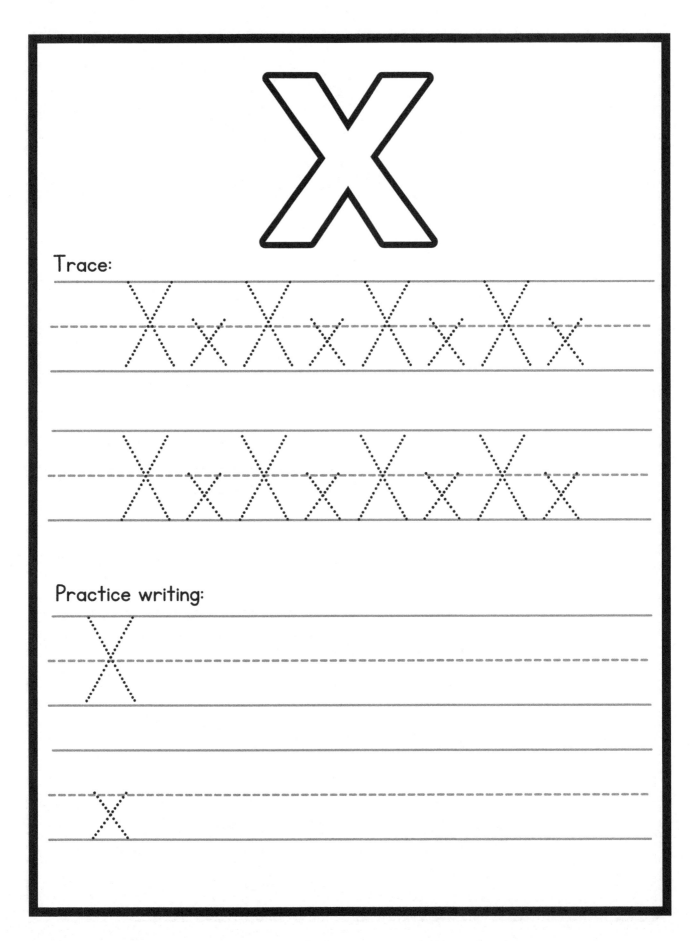

Read

x-ray fish

Trace

x-ray fish

Write

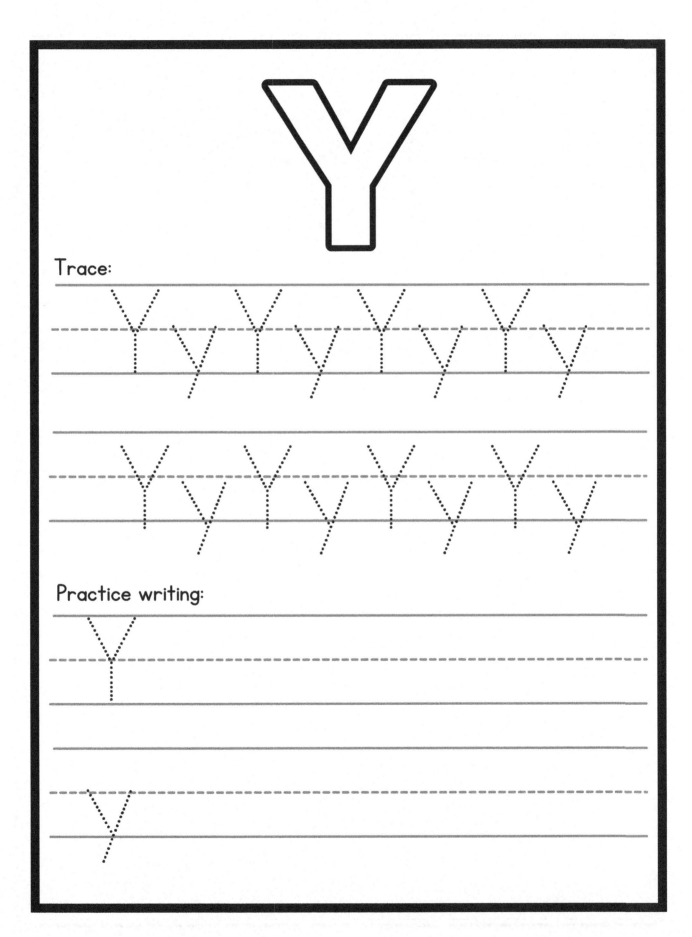

Read

yak

Trace

yak

Write

Read

zebra

Trace

zebra

Write

NUMBERS

1

2	2	2	2
2	2	2	2
2	2	2	2
2	2	2	2
2	2	2	2

3

4

5	5	5	5
5	5	5	5
5	5	5	5
5	5	5	5
5	5	5	5

6

7

9

DOT TO DOTS

Name: Date:

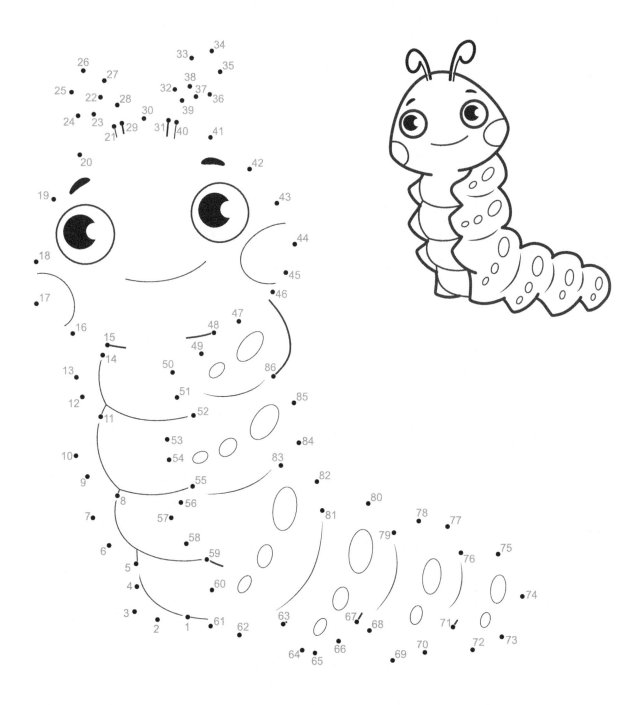

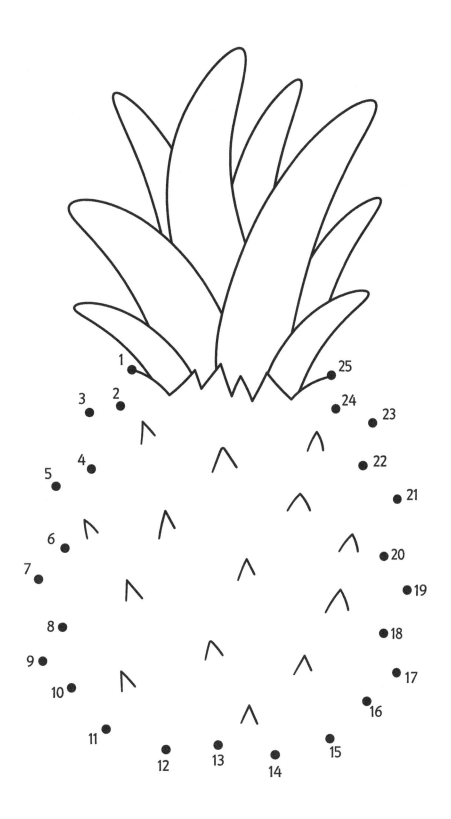

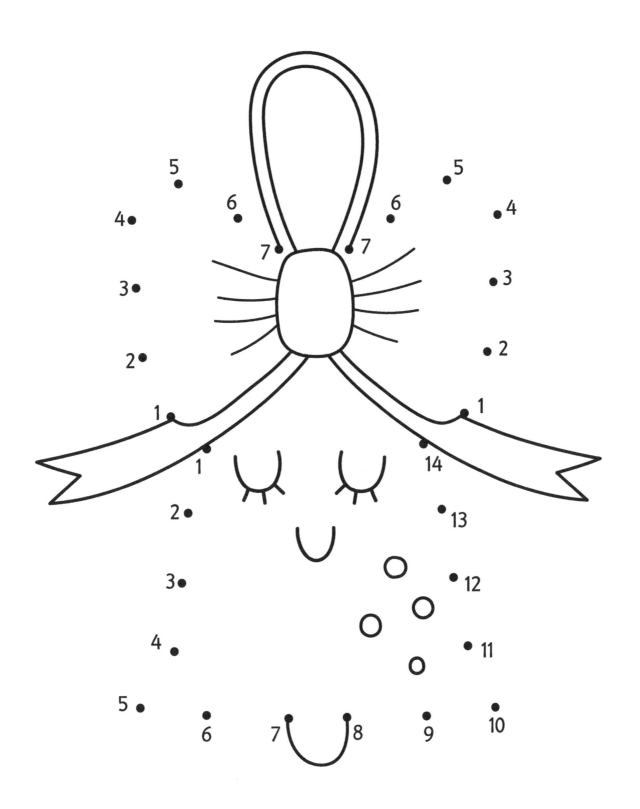

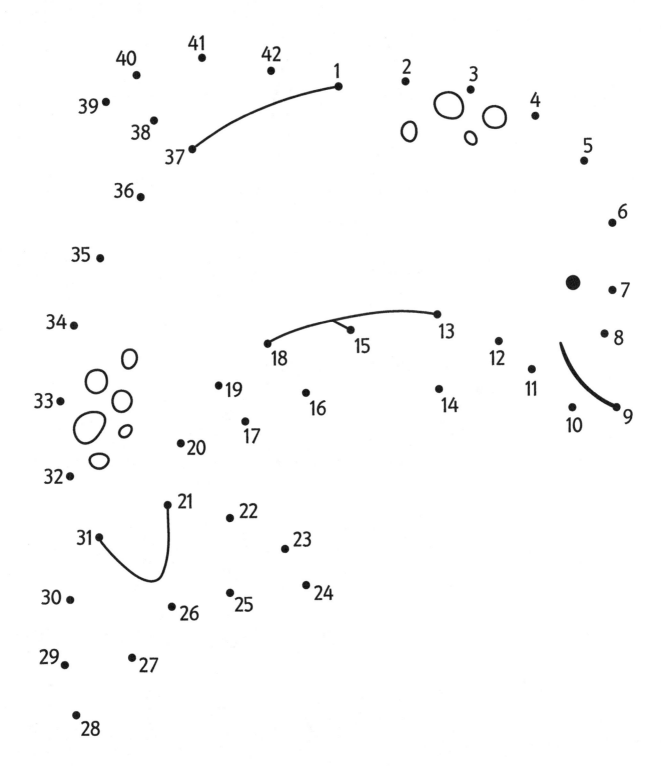

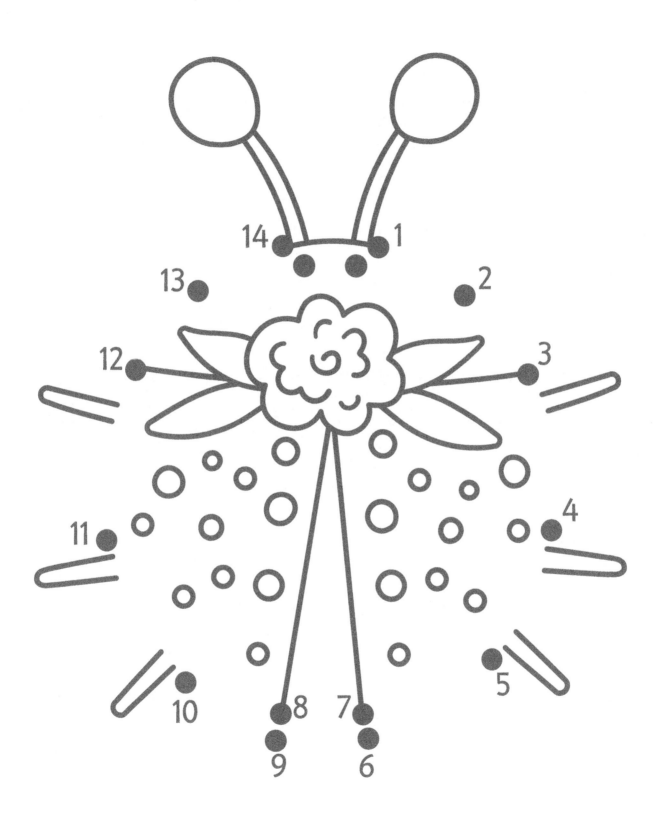

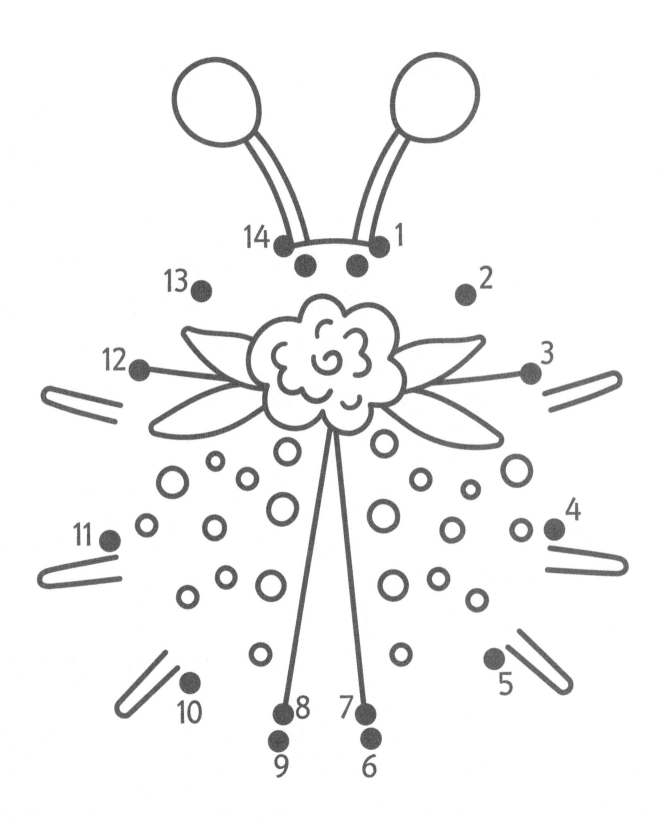

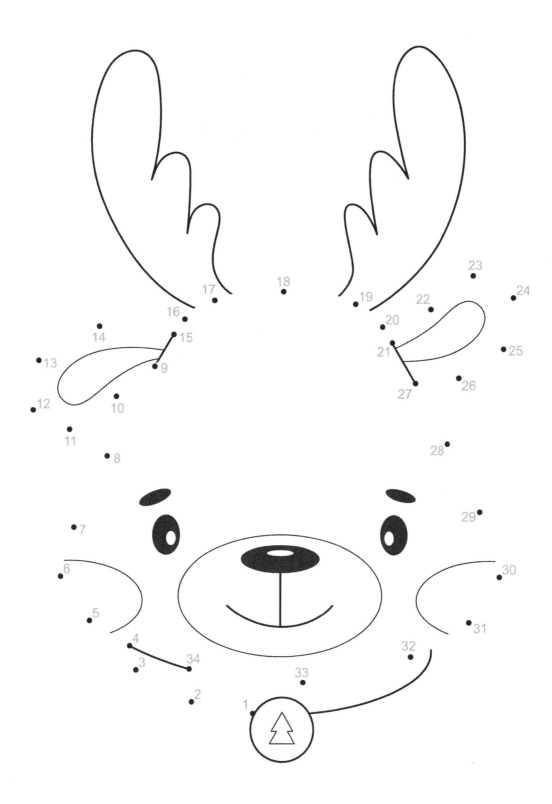

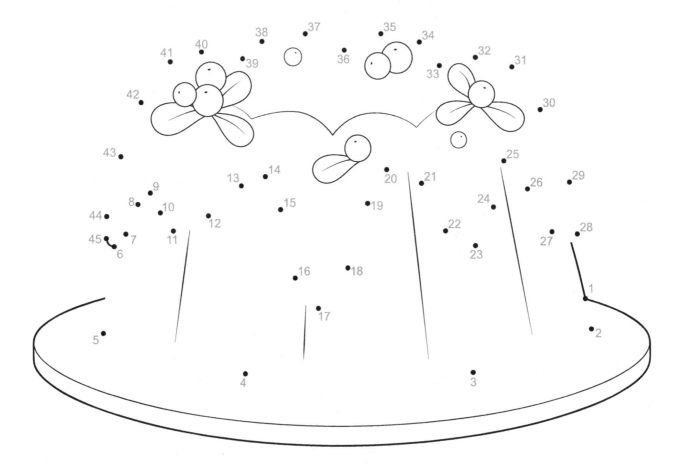

spot the difference

1.

2.

MAZES

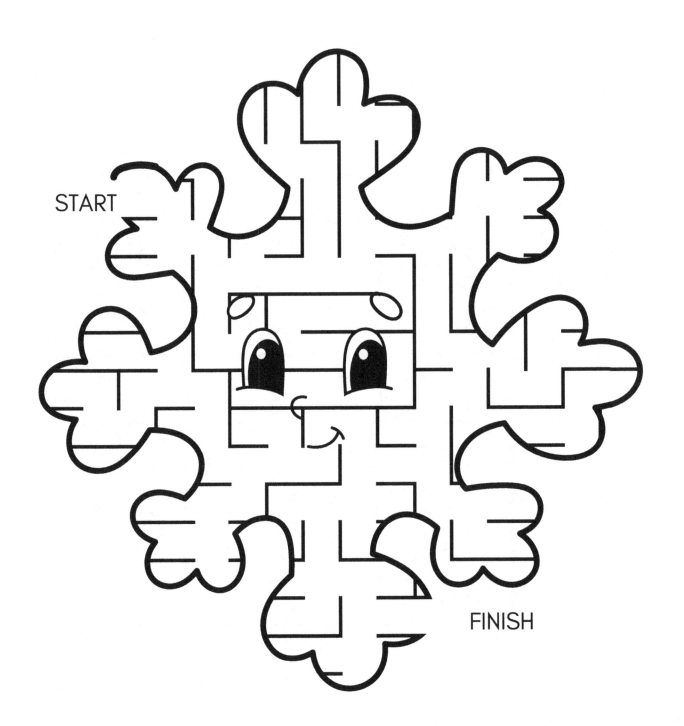

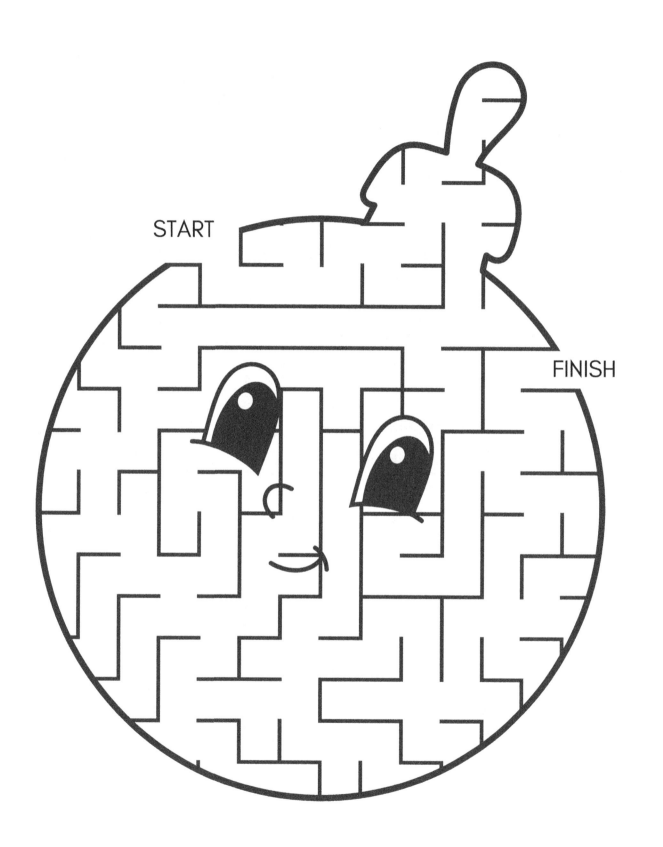

START

FINISH

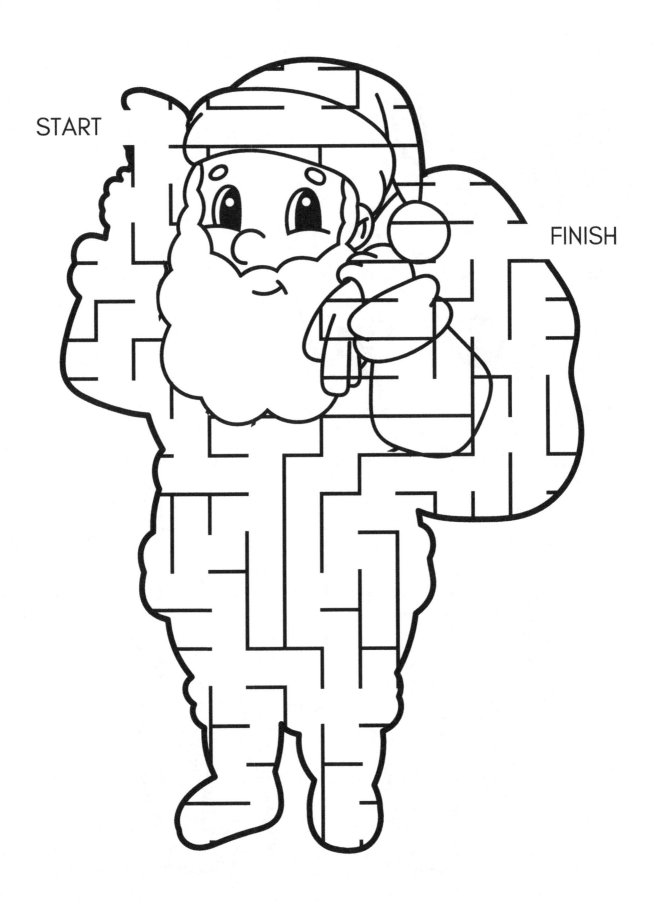

Made in the USA
Monee, IL
12 March 2022